David Macaulay · Wo die Pyramiden stehen

Deutscher Taschenbuch Verlag

David Macaulay

Wo die Pyramiden stehen

Die alten Ägypter führten ein ziemlich einfaches Leben. Die meisten von ihnen waren Bauern. Während acht oder neun Monaten des Jahres bestellten sie ihre kleinen, dem Nil entlang gelegenen Felder, wo sie Weizen, Früchte und Gemüse anbauten. Andere wiederum züchteten Rinder, Schafe und Ziegen. Man war bestrebt, sich selbst zu ernähren, die Steuern zu bezahlen und genügend Lebensmittel für die jährliche Überschwemmungszeit zu speichern. Der Nil schwoll jeweils im Juli an und setzte den größten Teil des Fruchtlandes unter Wasser; im November trat er dann allmählich wieder in sein Bett zurück und ließ eine neue Schicht fruchtbaren Schlammes zurück.

In der Zeit zwischen 3000 und 1100 v. Chr. wurde das Land durch eine lange Folge von Königen regiert. Diesen Pharaonen genannten Herrschern waren Hofbeamte, Heerführer und Gouverneure der verschiedenen Gaue unterstellt. Im Dienste der Pharaonen standen auch Priester und Priesterinnen, welche die religiösen Zeremonien leiteten und den Kult für die zahlreichen Götter besorgten, denen die Ägypter huldigten.

Ägypten bestand aus zwei schmalen fruchtbaren Landstreifen, die sich auf beiden Seiten des Nils von Assuan im Süden bis zum Delta im Norden erstreckten. Gegen Osten und Westen schlossen sich Hunderte von Quadratmeilen Wüste an das Fruchtland an. Diese geographischen Verhältnisse bedingten für den Ägypter eine starke Abhängigkeit vom Fluß, gewährleisteten aber auch eine gute Verständigung

durch das ganze Land und erleichterten dem Pharao die Ausübung seiner Macht.
Den Tod verstanden die alten Ägypter als den Beginn eines neuen Lebens in einer anderen Welt. Dieses Leben würde ewig dauern, vorausgesetzt, daß gewisse Vorsichtsmaßnahmen eingehalten wurden. Da das irdische Leben dem Ägypter relativ kurz vorkam, errichtete er sein Wohnhaus aus vergänglichen Lehmziegeln; das für die Ewigkeit bestimmte Grab aber baute er aus Stein.
Der Ägypter glaubte, daß jedermann neben seinem Körper auch eine Seele, genannt Ba, und eine Art geistiges Ebenbild, genannt Ka, besitze. Nach dem Tod führte der Ba des Verstorbenen sein Leben auf Erden weiter, wo er die Nächte im bestatteten Leichnam zubrachte. Der Ka indessen konnte sich frei zwischen Diesseits und Jenseits bewegen. Eine Voraussetzung für ewiges Leben war, daß sowohl Ba als auch Ka in der Lage waren, den Körper des Verstorbenen wiederzuerkennen; also mußte der Leichnam durch Mumifizierung erhalten werden.
Das Grab, in welchem der Tote beigesetzt wurde, hatte zwei hauptsächliche Funktionen zu erfüllen: einerseits hatte es die Mumie vor der zersetzenden Einwirkung der Natur zu schützen und den Grabschatz vor Dieben zu sichern, andererseits diente das Grab dem Ka als Behausung. Je höher eine Person gestellt war, desto größer war ihr Grab. Da der Pharao bei seinem Tod zu einem Gott wurde, war sein Grab das weitaus größte und prunkvollste von allen.
In der Zeit zwischen 2700 und 2200 v. Chr. wurden die Königsgräber von einem Komplex von Tempeln und kleineren Gräbern, sogenannten Mastabas, umgeben. Die Grabkammer des Königs wurde durch einen von Menschenhand errichteten Berg aus Stein, die Pyramide, geschützt. Ihre vier dreieckigen Seitenflächen, die zu einem zentralen Spitz zusammenlaufen, veranschaulichten die Strahlen der Sonne, die auf den Pharao niederschienen und ihn so für immer mit dem Sonnengott Ra verbanden. An der östlichen Seite der Pyramide wurde ein Tempel errichtet, mit einer Scheintür, durch die der Ka hindurchgehen konnte. Alle Grabstätten befanden sich auf dem westlichen Nilufer, da auch die Sonne im Westen untergeht, um ihre nächtliche Reise durch die Unterwelt zu beginnen; die gleiche Reise, die nun auch der Ka anzutreten hatte.

Die in dieser Geschichte beschriebene Pyramide und der sie umgebende Tempel- und Gräberkomplex sind erfunden. Ihre Gestalt orientiert sich jedoch weitgehend nach dem Vorbild verschiedener heute noch in Ägypten aufrecht stehender Pyramiden- und Tempelruinen. Es wird allgemein angenommen, daß zur Errichtung der Bauten große Rampen aus Erde aufgeschüttet wurden. Die Meinungen darüber, wo diese Rampen in bezug auf die Pyramide gestanden haben, gehen auseinander. Ich habe für meine Darstellung die zwei bekanntesten Theorien berücksichtigt. Dabei habe ich der jeweils einleuchtenderen den Vorzug gegeben. Obwohl die Grabkammern der Pyramiden vor Plünderungen nicht sicher waren, trugen diese gewaltigen Bauten dennoch dazu bei, ihre Erbauer unsterblich zu machen. So erweisen die Pyramiden heute noch denjenigen große Ehre, deren Geschick die Anstrengungen von Tausenden zusammenzufügen vermochte, im Versuch, der Endgültigkeit des Todes zu trotzen, indem sie etwas hinterließen, das ewig dauern sollte.

Im Jahre 2470 v. Chr. wurde ein neuer Pharao zum König über Ober- und Unterägypten gekrönt. Ort der Krönung war Memphis, die Stadt, von der aus der König für einunddreißig Jahre regieren sollte. Seine Vorgänger, so auch sein Vater, hatten die Vorherrschaft Ägyptens über seine Nachbarn begründet. Im eigenen Land war der Pharao unumstrittener Herrscher und bestimmte als solcher das militärische und kulturelle Leben. Seine Soldaten zogen dem Nil entlang durchs ganze Land, trieben die Steuern ein und überwachten die verschiedenen Provinzen.
Bereits im zweiten Regierungsjahr begann der Pharao sich für das Ende seines irdischen Daseins und für das kommende ewige Leben als Gott vorzubereiten. So beauftragte er Mahnud Hotep, seinen Architekten und besten Freund, ein Grabmal für ihn zu entwerfen, das ewige Zeiten überdauern sollte.

Ehe noch die Pläne vervollständigt waren, wurde eine Baustelle am Westufer des Nils ausgewählt; ein erhöhtes Plateau, von dem aus das Niltal überblickt werden konnte. Man konnte von jener Stelle aus nur wenige Meilen südwärts den Grabkomplex von Giza sehen, wo die Pyramiden von drei früheren Pharaonen standen. Aus Ehrerbietung vor Cheops, dem Erbauer der höchsten Pyramide von Giza, beschloß der neue Pharao, seine Pyramide nur vierhundertsiebzig Fuß hoch zu bauen – zehn Fuß niedriger als diejenige des Cheops. Diese großzügige Bescheidenheit glich er aber wieder dadurch aus, daß er für den Bau der eigenen Pyramide ein Gelände auswählte, welches das Plateau von Giza um zwanzig Fuß überragte.

Schon nach zwei Monaten waren die Pläne für einen Grabkomplex, der im wesentlichen demjenigen von Giza entsprach, ausgearbeitet und konnten dem Pharao vorgelegt werden.

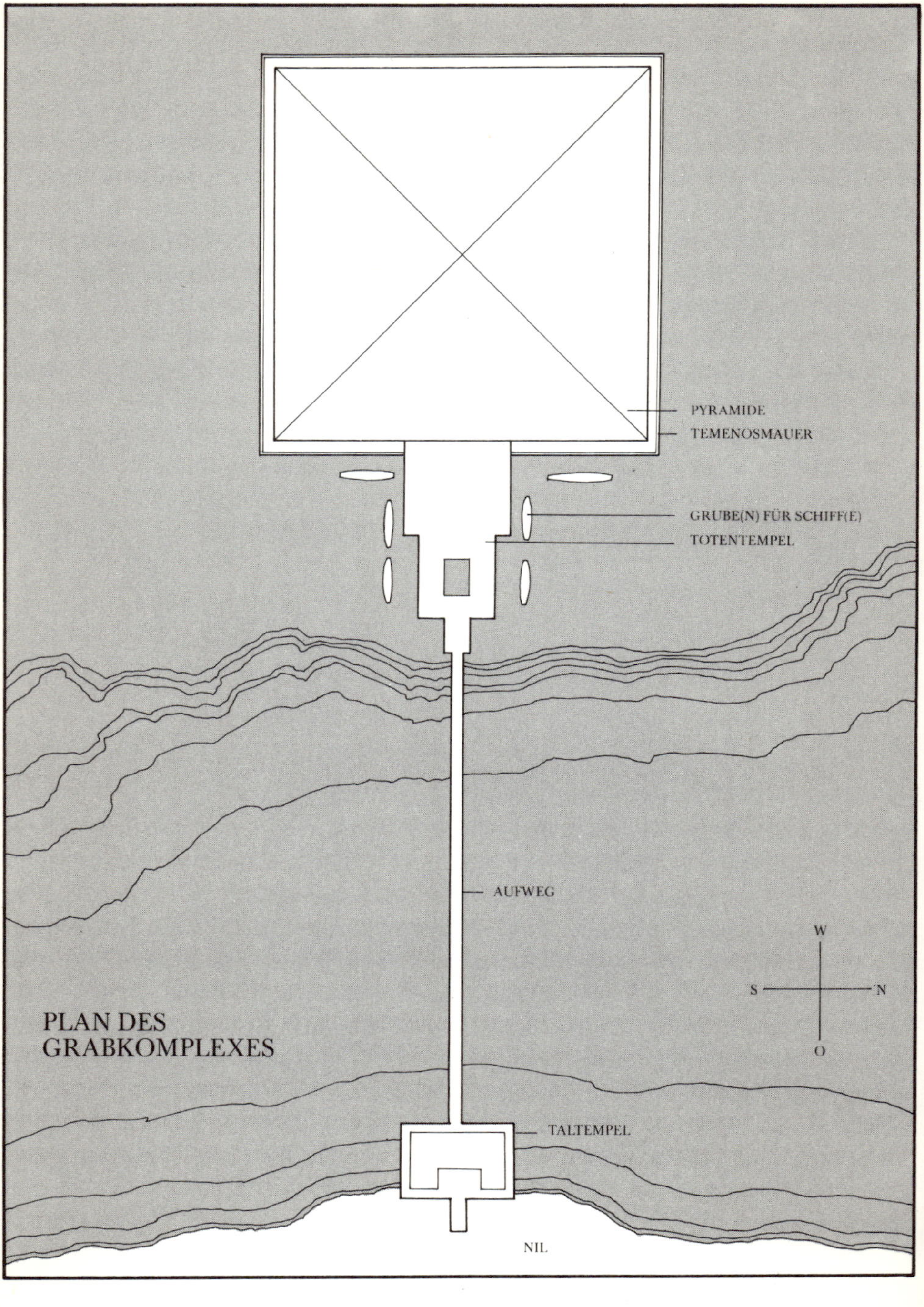

PLAN DES GRABKOMPLEXES

Den Kern der Anlage bildete die Pyramide, die das eigentliche Grab unter sich barg. Östlich von ihr stand der Totentempel, in welchem sich der Ka des Königs aufhalten konnte. Vom Totentempel ausgehend, führte eine Temenos genannte Einfriedungsmauer um die ganze Pyramide herum. Etwas weiter östlich, am Ufer des Flusses, stand der Taltempel, der den Leichnam des Pharao aufnehmen sollte, bevor dieser in die Grabkammer unter der Pyramide überführt wurde. Ein korridorartiger, überdeckter Weg, der sogenannte Aufweg, verband die beiden Tempel miteinander. Auf dem Plan konnte man auch große längliche Gruben erkennen, die die Schiffe der Bestattungsprozession aufnehmen sollten.

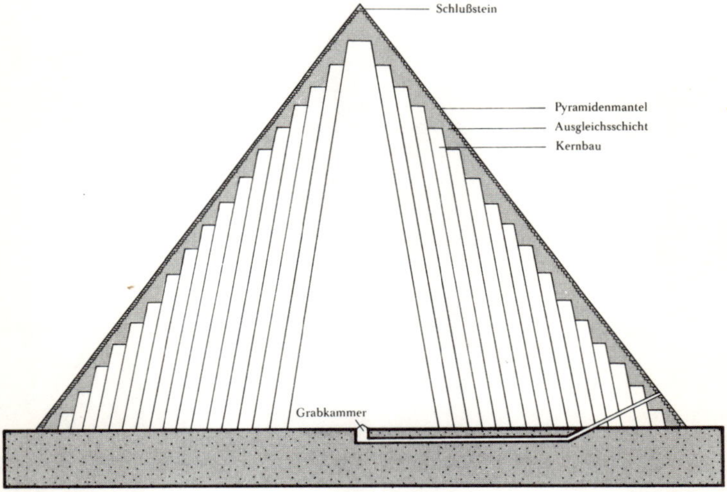

Die Pyramide selbst bestand aus drei Hauptteilen. Den weitaus größten Teil bildete ein stufenartiger Kern. An diesem Kernbau waren nur jene Blöcke sorgfältig behauen, die jeweils die Oberflächen der vier schrägen Seiten ausmachten. Über den Stufen dieses Skelettbaus lag dann eine Ausgleichsschicht von regelmäßig verlegten Blöcken. Zuäußerst wurde die Pyramide durch einen dünnen Mantel von speziell bearbeiteten Steinquadern abgeschlossen, der die glatte Oberfläche bildete. Alle drei Teile entstanden gleichzeitig, so wuchs die Pyramide gleichmäßig von unten nach oben.

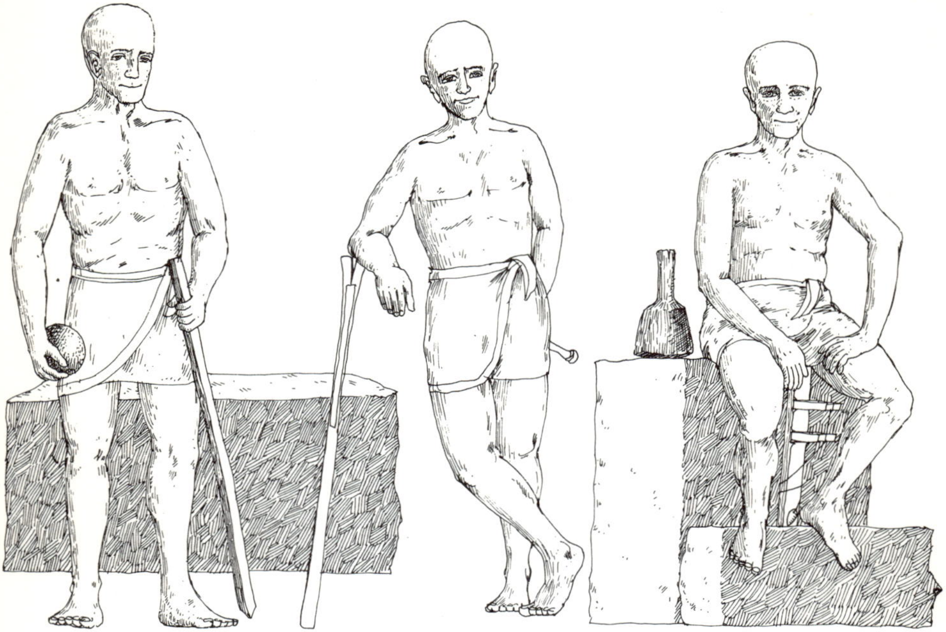

Steinmetz Geometer Maurer

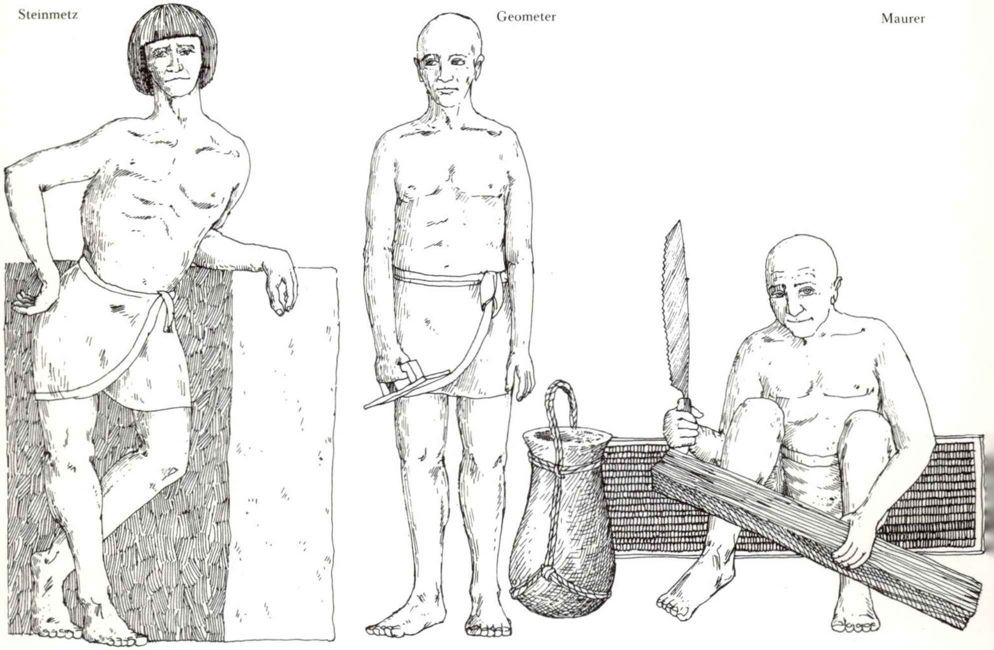

Vorarbeiter Mörtelhersteller Zimmermann

Noch während die Pläne gezeichnet wurden, brachte man mehrere tausend Männer zum Bauplatz: Steinmetzen, Maurer, Geometer, Mörtelhersteller, Zimmerleute und allgemeine Arbeitskräfte. Sie sollten das ganze Jahr hindurch in den Steinbrüchen oder auf dem Baugelände arbeiten, wo nun auch Wohnbaracken und Bauhütten errichtet wurden. Jedes Jahr mobilisierte man während der Überschwemmungszeit zwischen Juli und November ungefähr fünfzigtausend Mann als zusätzliche Hilfskräfte. Es waren vor allem Bauern, die ihre Arbeit auf den Feldern nicht verrichten konnten, da diese unter Wasser standen. Sie wurden in verschiedene Gruppen eingeteilt und hatten die Aufgabe, die Steine von den Steinbrüchen an ihren Bestimmungsort zu transportieren. Jede Gruppe bestand aus fünfundzwanzig Mann mit einem Soldaten als Vorarbeiter. Die Arbeiter wurden mit Kleidung und Verpflegung entlohnt.

Meißel
Schlägel
Doleritkugel
Schleifsteine
Maurerkelle
Hammer
Nivellierinstrument
Winkel

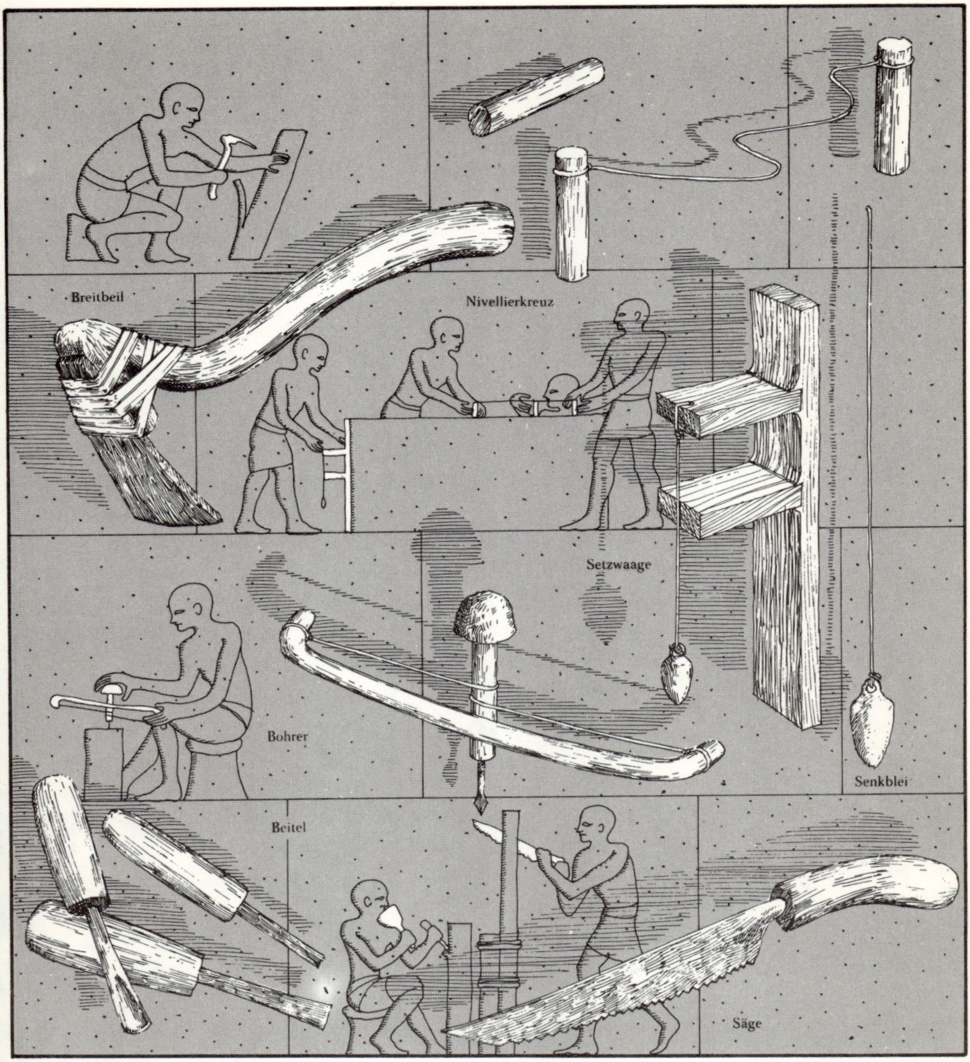

Die meisten Werkzeuge, die benutzt wurden, um den Stein zu bearbeiten, waren aus Kupfer oder aus Dolerit, einem sehr harten Gestein, verfertigt. Die Griffe der Werkzeuge sowie die meisten Meßinstrumente waren aus Holz gemacht. Metallarbeiter wurden sowohl in den Steinbrüchen als auch auf dem Bauplatz beschäftigt, wo sie für den Werkzeugbestand zu sorgen hatten.

Als die Pläne genehmigt waren, ließ Mahnud Hotep den Bauplatz von Sand und Schutt säubern, um den nackten Felsen freizulegen, auf dem das Fundament aufliegen sollte.

Zur selben Zeit stellten seine Schreiber eine Liste auf, der man die Menge und die Dimensionen sämtlicher benötigten Steinblöcke entnehmen konnte. An alle Steinbrüche wurden Kopien dieser Listen gesandt, mit dem Befehl, die Arbeit zu beginnen. Die weitaus größte Verwendung am Bau der Pyramide fand ein Kalkstein, der zur Hauptsache in der Nähe des Baugeländes gebrochen wurde. Steine höherer Qualität mußten jedoch aus dem auf der anderen Seite des Nils gelegenen Tura herbeigeschafft werden. Während der Überschwemmungsperiode konnte fast die ganze Strecke zu Wasser zurückgelegt werden, was den Transport der schweren Blöcke sehr erleichterte.

Um den besten Kalkstein zu gewinnen, trieb man Schächte in die Felswände hinein, aus denen man den Stein Block für Block herausschlug. Die so entstandenen weiten Höhlen bewahrte man dadurch vor dem Einsturz, daß man in regelmäßigen Abständen tragfähige Steinpfeiler stehen ließ. Jeder aus dem Fels herausgeschnittene Quader wurde sogleich einer Gruppe von Arbeitern für den Transport übergeben. Die Männer hoben den Block mit Hilfe von Seilen und Hebeln auf einen hölzernen Schlitten und banden ihn darauf fest.

Anschließend schleppten sie den Schlitten über eine Reihe von parallel nebeneinander im Sand verlegten Balken zu einem bereitstehenden Schiff. Die Balken sollten verhindern, daß die Kufen unter der geladenen Last im Sand einsanken.

Den Steinblöcken wurde jeweils das Zeichen der betreffenden Arbeitsgruppe eingehauen, die den Transport betrieb, und die Ablieferung am Bauplatz wurde auf einer Liste verzeichnet.

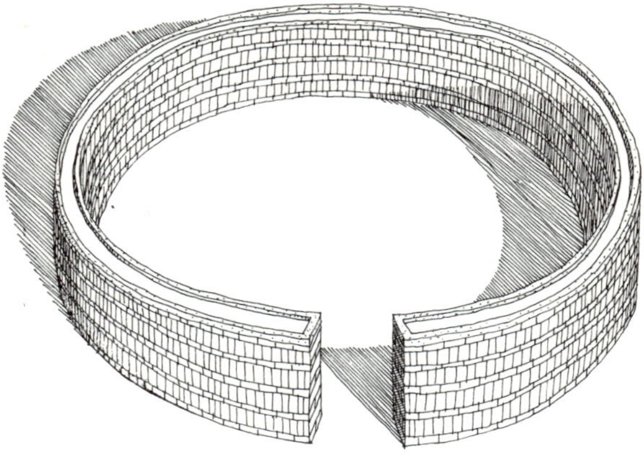

Bevor das eigentliche Bauen beginnen konnte, mußte die genaue Nordrichtung ermittelt werden, da man die Pyramide exakt ausrichten wollte. In der ungefähren Mitte des Bauplatzes wurde eine kreisförmige Mauer errichtet, und zwar so hoch, daß sie den Blick auf die umgebenden Hügel für denjenigen verdeckte, der im Mauerkreis stand. Der ebenmäßige obere Abschluß der Mauer bildete einen vollständigen, geraden Horizont.
Am Abend stellte sich ein Priester in die Mitte des Kreises und erwartete dort den Aufgang eines Sternes im Osten. Vom Punkt aus, wo der Stern über der Mauer erschien, wurde eine Linie zum Kreismittelpunkt gezogen. Der Priester beobachtete den Stern, wie er sich in einem Bogen über den Himmel bewegte, um endlich im Westen unterzugehen. Die Stelle, wo er hinter der Mauer verschwand, wurde wiederum festgehalten und von dort eine zweite Linie zum Kreismittelpunkt gezogen. Da die von der Erde aus beobachtete Bahn der Sterne einen Kreis um den Nordpol beschreibt, wußte der Priester, wie er von den beiden aufgezeichneten Linien eine dritte ableiten konnte, die genau nach Norden weisen würde. Er mußte bloß den durch die beiden bereits fixierten Linien gebildeten Winkel halbieren, um seinen Nordpfeil zu erhalten.

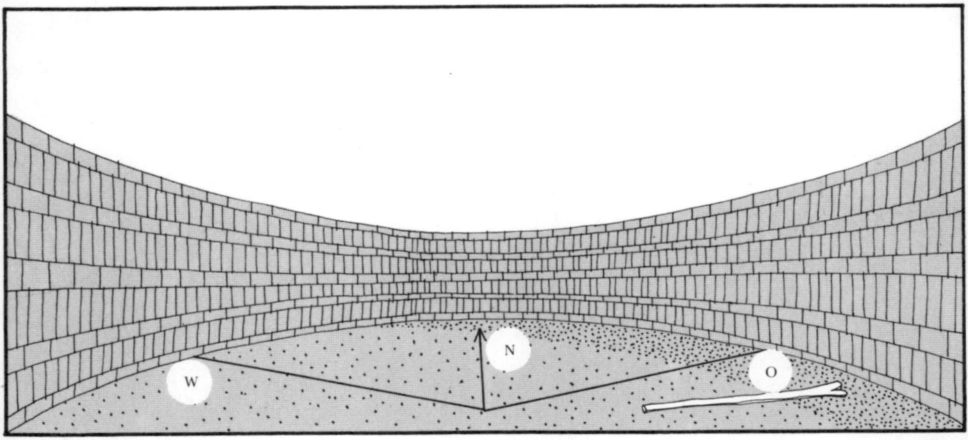
N
W
O

Im November des Jahres 2468 wurde der Grundriß der Pyramide durch Mahnud Hotep und seine Vermessungsarbeiter abgesteckt. Einige Tage später wurde derselbe Vorgang in Gegenwart des Pharao von Priestern symbolisch wiederholt. Jede Seite der Pyramide sollte siebenhundertvierzig Fuß messen. Zur Markierung der vier Eckpunkte wurden Metallstangen in den Fels eingelassen. Während zweier Wochen wurden Gebete an die Götter gerichtet und ihnen verschiedene Tiere geopfert, um so den Segen für das Vorhaben zu erlangen.

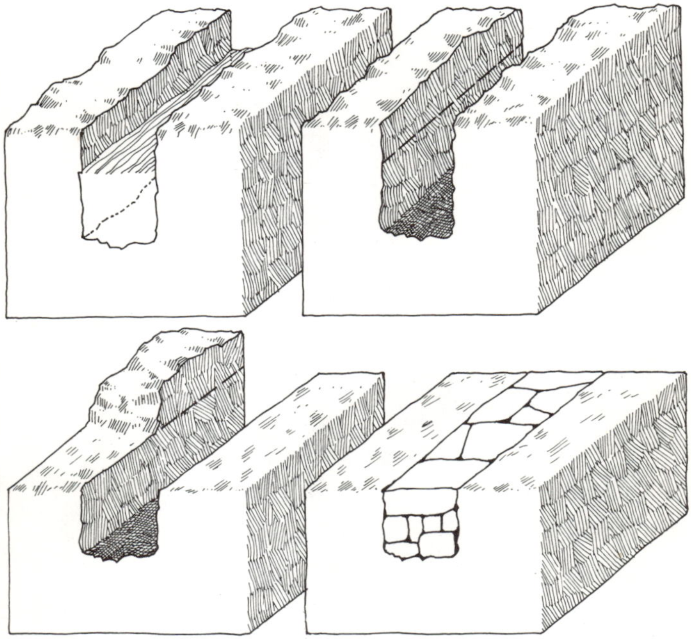

Als nächstes mußte der Bauplatz geebnet werden. Ein Netz schmaler Verbindungsgräben wurde über das ganze Areal gelegt und mit Wasser aufgefüllt, damit der Wasserspiegel ein ebenes Niveau bezeichnen konnte. Nachdem man den Wasserstand an den Seitenwänden markiert hatte, wurde das Grabensystem entleert, der Fels überall bis auf die Höhe der Markierungslinie abgetragen, und die Gräben wurden wieder zugemauert.

Der Bauplatz für den Totentempel wurde nun ebenfalls geebnet und diente fortan als Arbeitsplatz für die Steinmetzen. Darauf wurden die Fundamente für den Taltempel und den Aufweg gelegt. Das Podium des am Fluß gelegenen Taltempels diente als Anlegeplatz für die Schiffe. Dort konnten die auf dem Nil transportierten Steinblöcke ausgeladen und über das als Rampe dienende Fundament des Aufweges zur Pyramide hochgeschleppt werden.

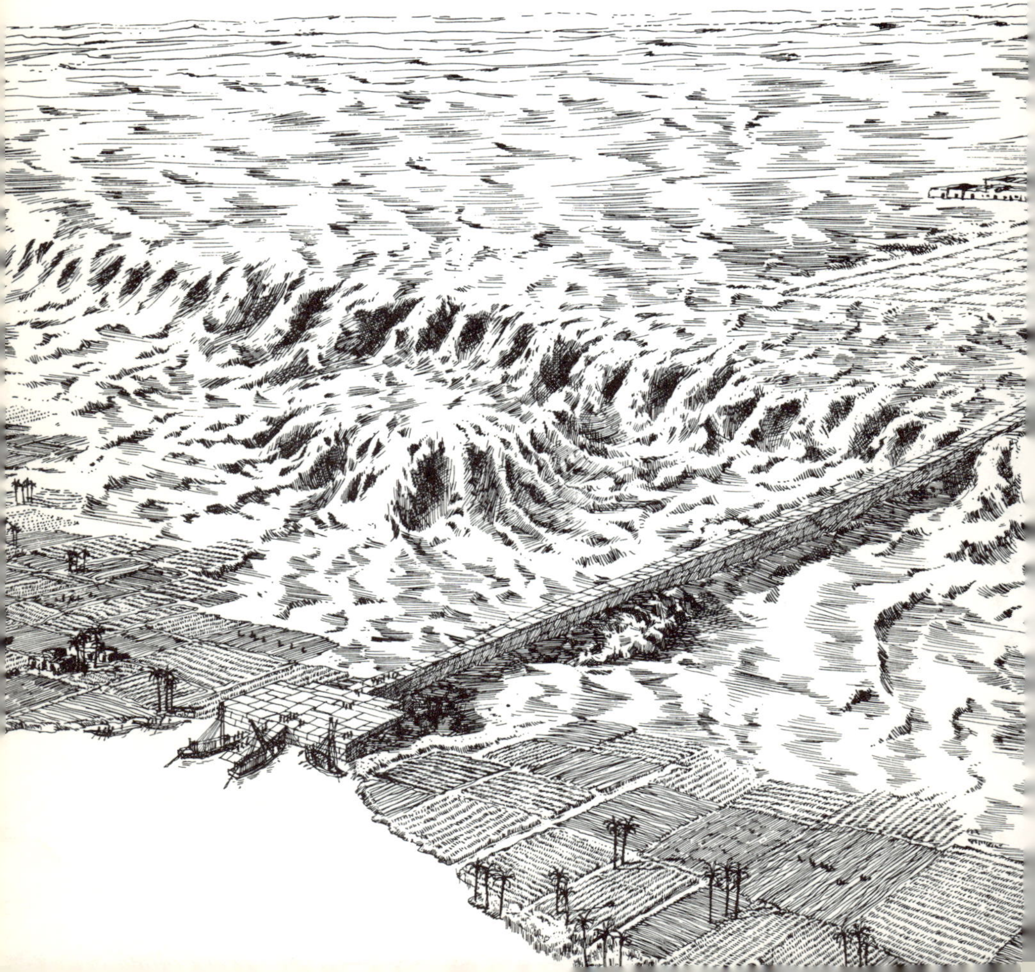

Noch während die Ausebnungsarbeiten im Gange waren, begann man einen Schacht zu graben, der zur Grabkammer führen sollte. Dieser in schwacher Neigung in die Tiefe führende Schacht wurde zuerst mit Hilfe von Doleritkugeln in den Fels geschlagen und anschließend mit dem Meißel in seine klare architektonische Form gebracht.

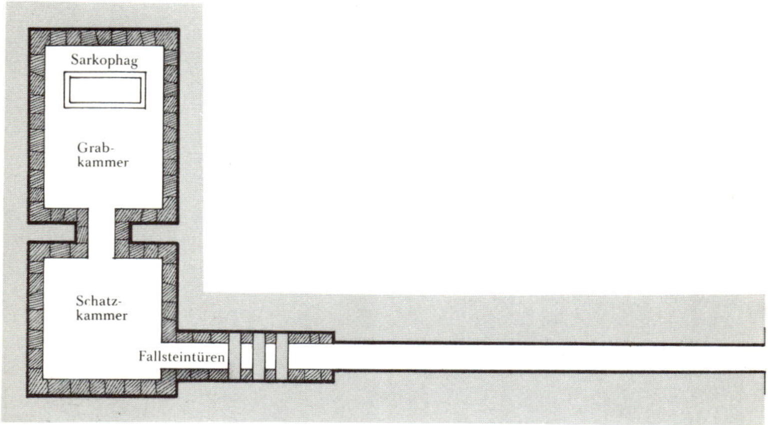

Nachdem er eine Tiefe von fünfzehn Fuß erreicht hatte, führte der Schacht als horizontal laufender Korridor zu zwei Kammern. Die erste war als Schatzkammer für die wichtigsten Gegenstände aus dem Besitz des Pharao geplant. Die zweite war das eigentliche Grab. Beide Kammern wurden von der Oberfläche senkrecht nach unten vertieft und sollten später mit großen Granitplatten überdeckt werden. Im Korridor wurden unmittelbar vor der Öffnung zur ersten Kammer seitlich nischenartige Vertiefungen in den Fels gehauen, in die man nach dem Begräbnis Granittüren, sogenannte Fallsteine, einlassen konnte.

Die Verkleidung der Kammern und auch die ersten fünfzehn Steinlagen des Pyramidenmantels waren ebenfalls aus Granit. Dieser Stein mußte zur Hauptsache beim sechshundert Meilen entfernten Assuan gebrochen und von dort mit Transportschiffen zum Bauplatz gebracht werden.

Riesige Blöcke aus Granit und Kalkstein mußten den Aufweg hinaufgeschleppt werden, wo sie dann auf leichter bewegliche, schaukelartige Schlitten geladen wurden. Nachdem man die Seiten eines Blockes sorgfältig geglättet hatte, meißelte man ihm eine Nummer ein, gemäß der er dann versetzt werden würde.
Im September des Jahres 2467 waren die Ausebnungsarbeiten beendet, und viele Blöcke warteten bereits darauf, an ihren Bestimmungsort gebracht zu werden. Einer nach dem anderen wurden sie von ihrem kippbaren Schlitten auf ein Holzgerüst gehoben, das über der Stelle lag, wo der Stein hingehörte. Darauf wurde eine dünne Mörtelschicht auf Unterseite und Enden des Blockes gestrichen, das Holzgerüst weggezogen und der Stein in seine endgültige Position geschoben. Als erstes wurde eine Reihe von Kalksteinen der Grundrißlinie der Pyramide entlang verlegt; darüber kam die erste Lage von Granitblöcken der Mantelschicht zu liegen. Als Markierung diente eine auf der untersten Fundamentschicht ausgezogene Linie.

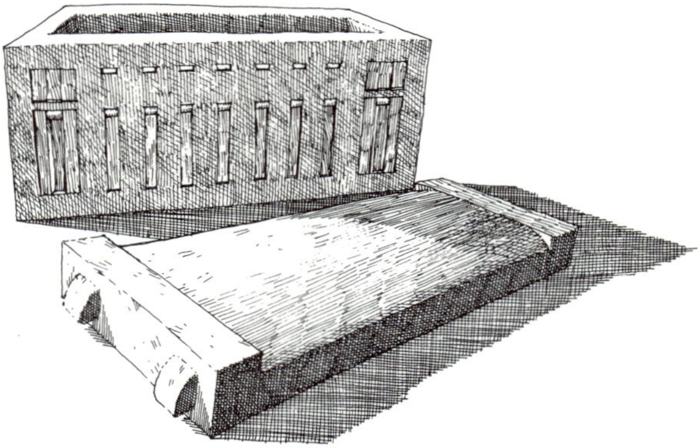

Gleichzeitig mit der Versetzung der zweiten Steinlage, begann die Arbeit am Dach über den Grabkammern. Da der Sarkophag zu groß war, als daß er durch den Grabschacht hätte transportiert werden können, mußte er durch das noch offene Dach der Kammer hinabgesenkt werden. Dazu riegelte man zuerst die Grabkammer ab, indem man die Tür zur Schatzkammer mit einer Mauer verschloß; darauf wurde die Kammer von oben ganz mit Sand und Schutt aufgefüllt und der Sarkophag in die Mitte der zugeschütteten Kammer geschleppt. Nun riß man die provisorische Mauer zwischen den beiden Kammern wieder ab und begann die Füllung von unten abzutragen. Auf diese Weise wurde der Sarkophag allmählich nach unten getragen. Kaum war er sicher auf dem Fußboden angekommen, wurde der ganze Prozeß wiederholt, um das Dach der Kammer zu errichten.

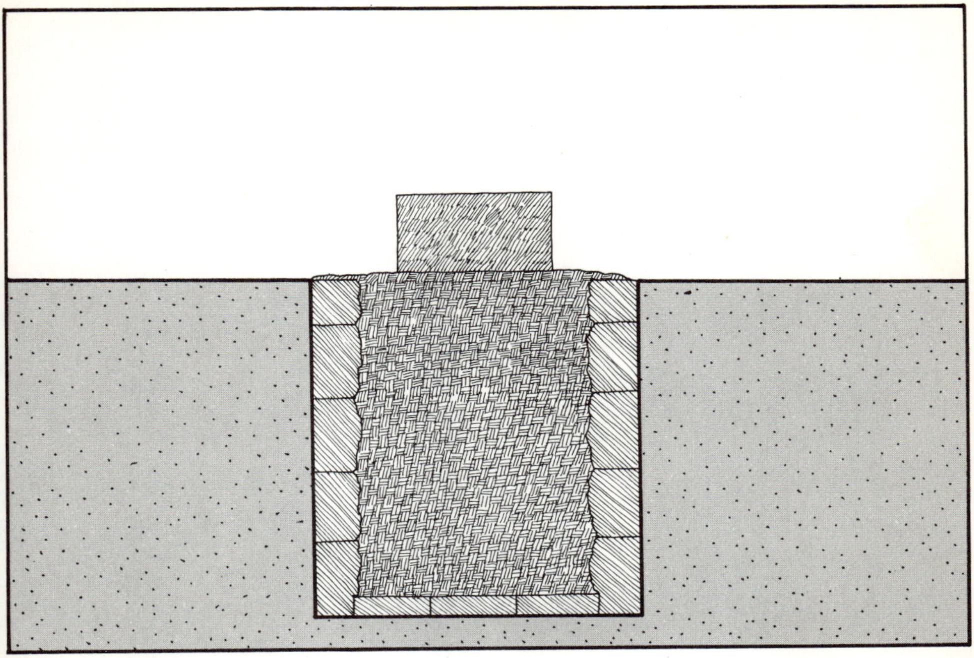

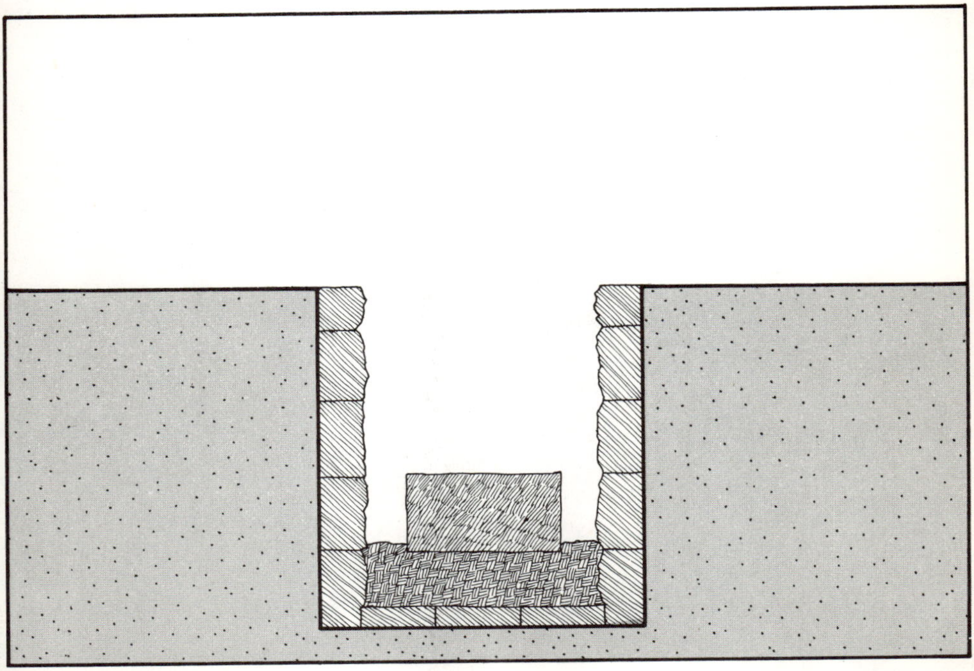

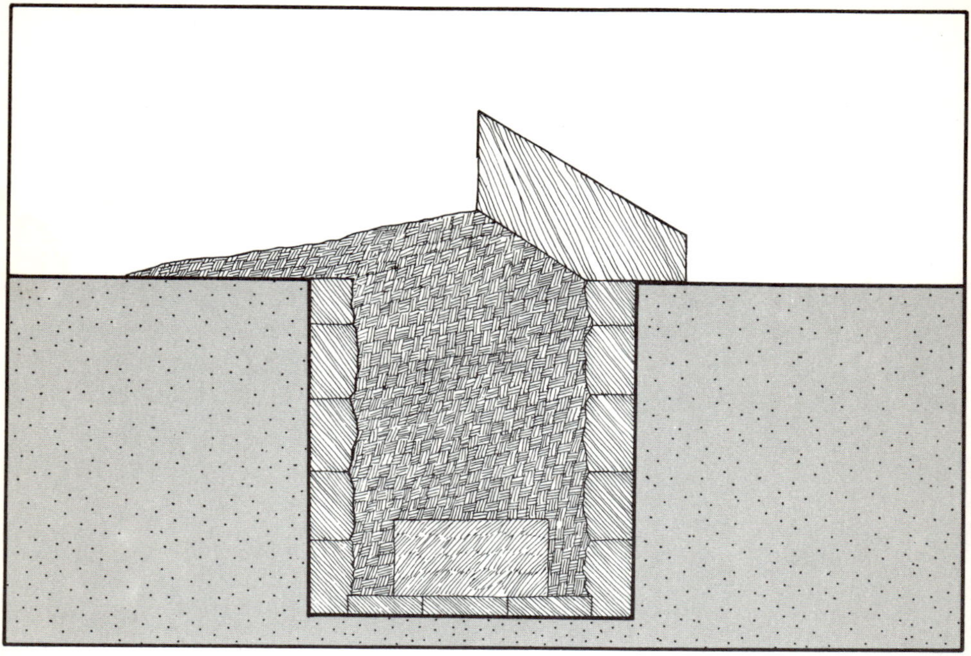

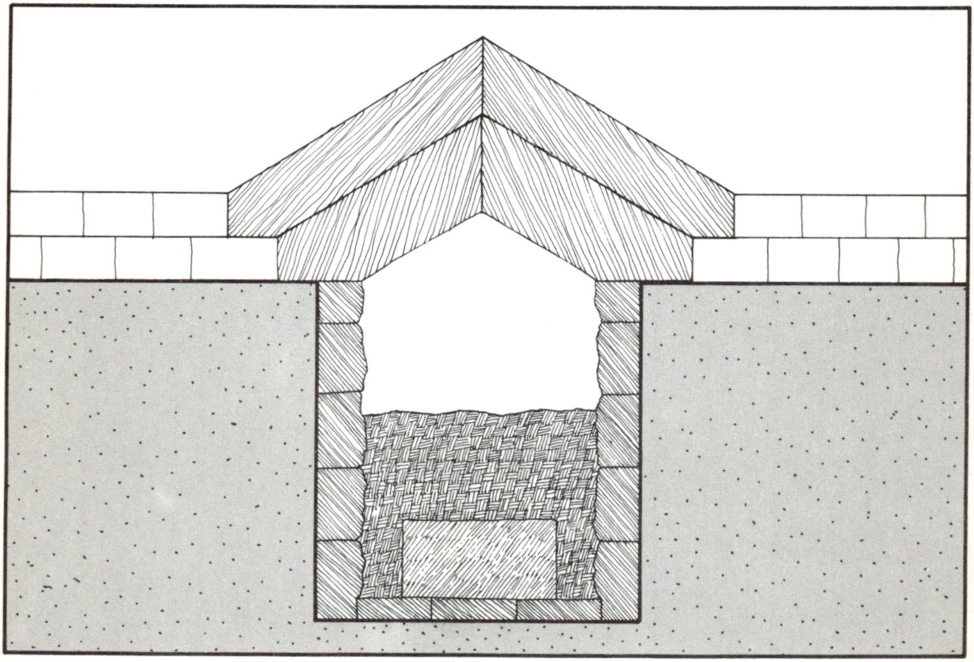

Diesmal wurden beide Kammern zugeschüttet. Die Auffüllung wurde über den Kammeröffnungen zu einer Unterlage für die großen Granitplatten des Giebeldaches geformt und erst dann durch den Grabschacht entfernt, nachdem man die Tragfähigkeit des Daches sorgfältig kontrolliert hatte. Zum Schluß wurde die Granitverkleidung der Kammern durch besonders geschickte Steinmetzen geglättet.

Als nächstes wurde die durch die bereits versetzten Steinlagen der Mantelschicht umschriebene Zone bis zur entsprechenden Höhe aufgefüllt, indem man die Blöcke des Kernbaues und der Ausgleichsschicht verlegte. Vor dem Beginn einer neuen Lage wurde jeweils die beendete Schicht auf ein gleichmäßiges Niveau gebracht.

Ständig mußten Aufseher die Arbeiten kontrollieren, da jede schwache Stelle die Festigkeit der ganzen Pyramide gefährden konnte. Als der folgende Sommer anbrach, war die erste Lage fertig verlegt und waren die Steine für die zweite Lage bereits am Bauplatz angekommen.

Im Gegensatz zu den Blöcken der ersten Lage, deren Verlegung keine allzu großen Schwierigkeiten bereitete, mußten die Steine der folgenden hundertdreiundzwanzig Lagen zuerst auf die Höhe der vorangehenden Lage gebracht werden, bevor man sie an die richtige Stelle schieben konnte. Mahnud Hotep löste dieses Problem, indem er mit Nilschlamm stabilisierte Schuttrampen bauen ließ. An jeder Ecke der Pyramide begann eine solche Rampe und stieg langsam auf

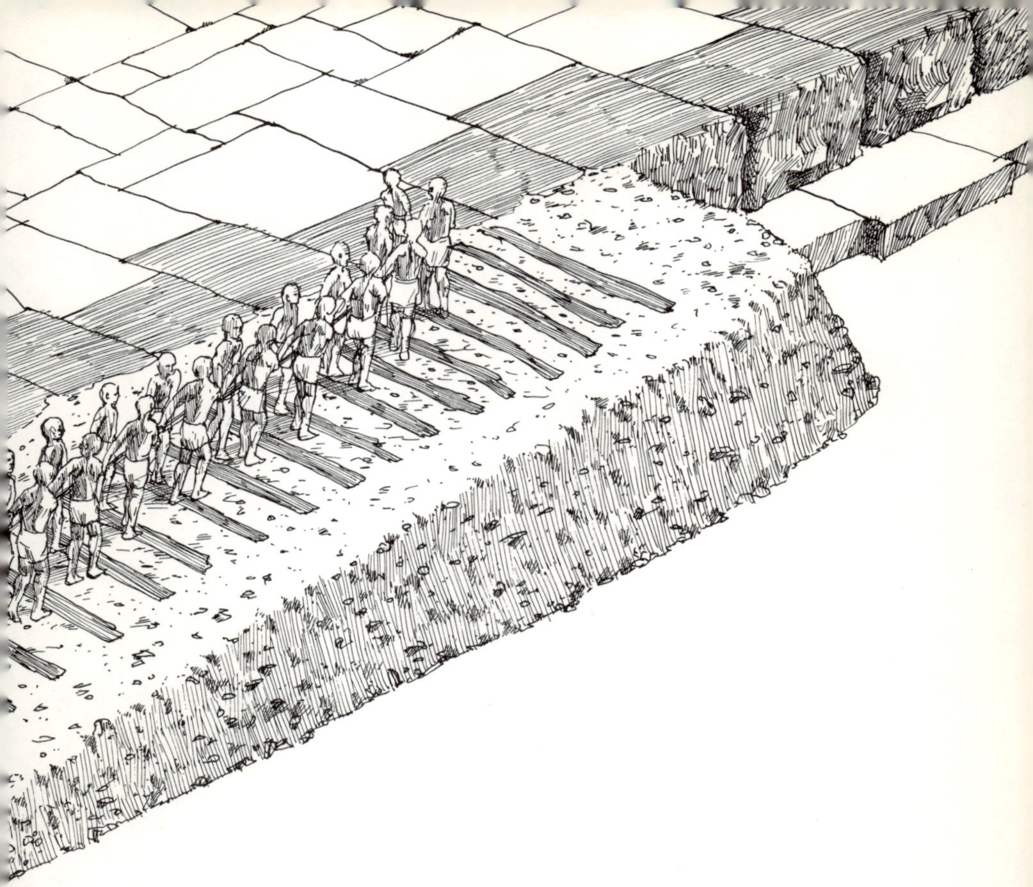

den Stufen der noch unvollendeten Mantelschicht nach oben. Damit die Festigkeit der Rampen nicht durch das Schleppen der schweren Steine zu stark beeinträchtigt werde, wurden die Transportschlitten über eine Bahn von Holzbalken gezogen. Mit jeder neuen Steinlage wuchs auch die Rampe. Die Vergrößerungsarbeiten der Rampen wie auch deren Instandhaltung unterlagen einer eigenen Gruppe von Arbeitern.

Sobald die Rampen benutzt werden konnten, begann man die Blöcke für die zweite Steinlage auf ihnen hochzuziehen. Gewöhnlich wurde der Transportschlitten von einer 20 Mann starken Gruppe gezogen, während die restlichen fünf Arbeiter von hinten mit Hebeln stießen und eine Gleitflüssigkeit auf die Rampe gossen, um die Reibung unter den Kufen zu vermindern.

Während die Pyramide in die Höhe wuchs, wurde der Grabschacht durch ihren unteren Teil schräg nach oben gezogen. Die Blöcke, die den Schacht überdeckten, bildeten einen Giebel entsprechend der Überdachung der Kammern. Durch diese Konstruktion wurde das gewaltige Gewicht der über dem Dach liegenden Steinlagen auf die Seiten abgeleitet.

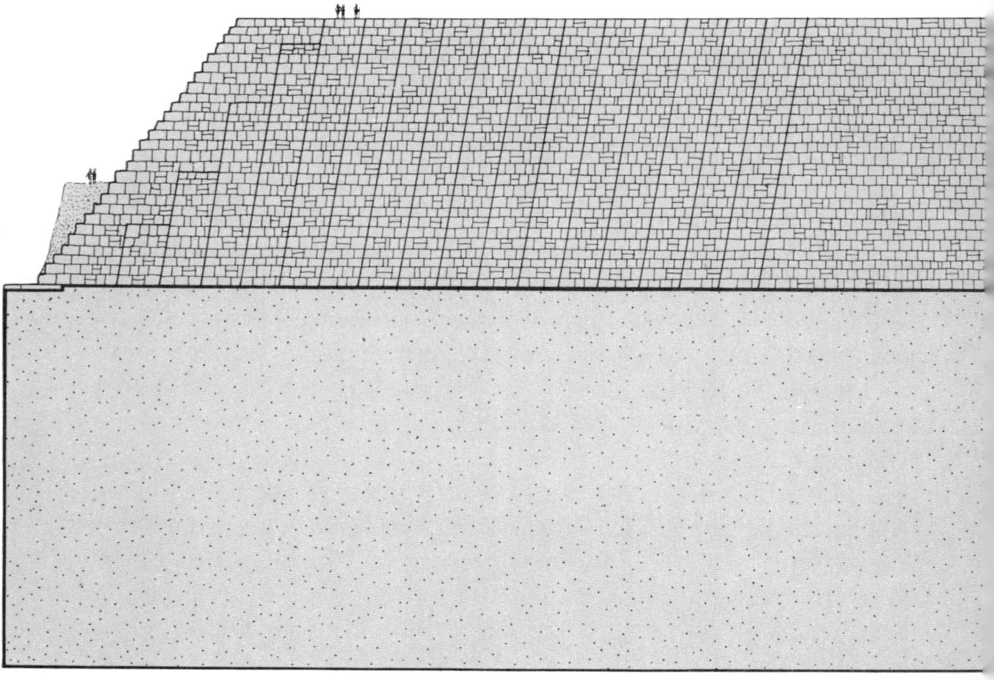

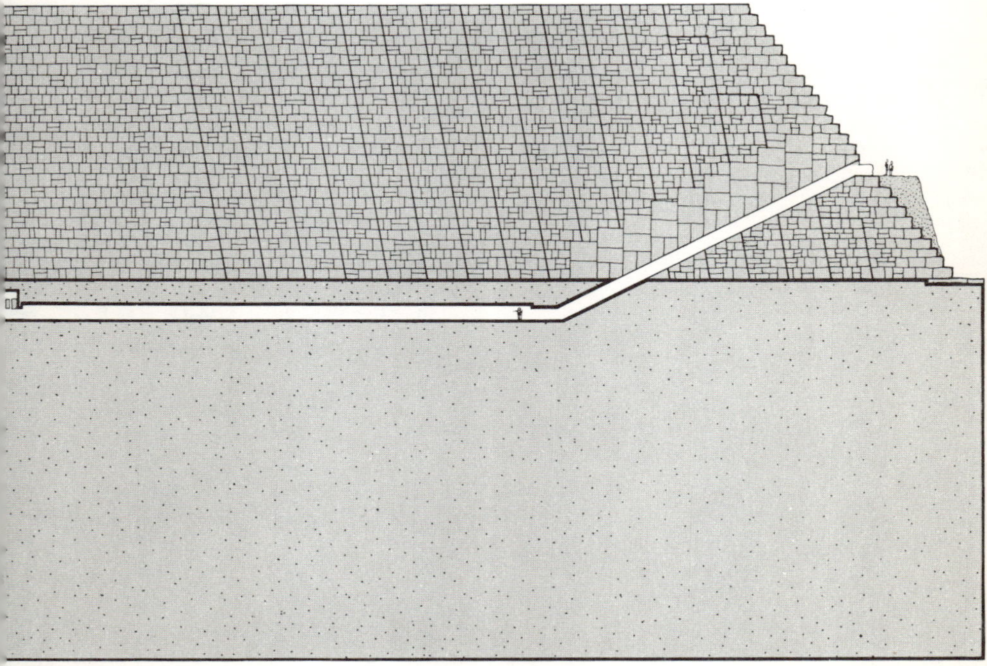

Im Frühjahr des Jahres 2461 befahl der Pharao Mahnud Hotep neben seiner eigenen eine zweite, kleinere Pyramide für die Königin zu bauen. Innerhalb weniger Wochen wurde ein Bauplatz geebnet und das zweite königliche Grab begonnen.

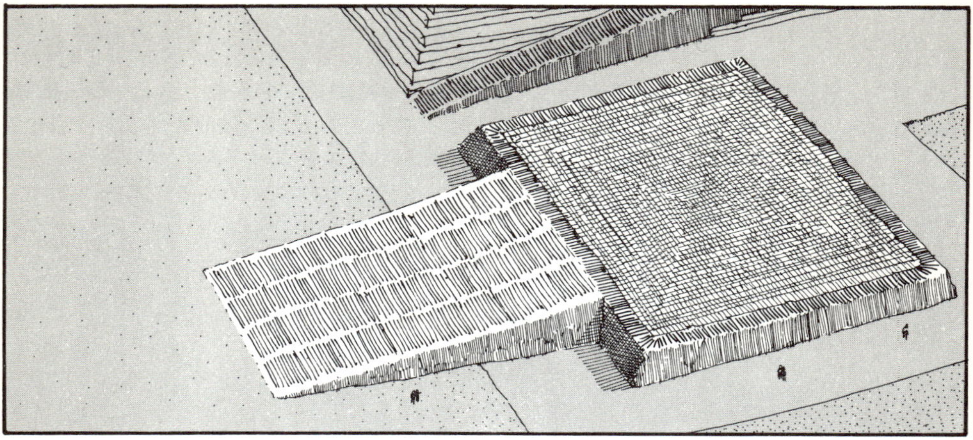

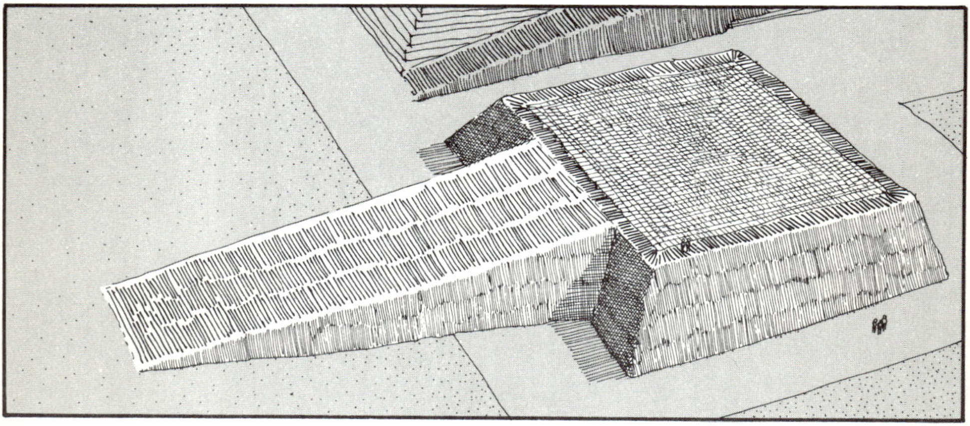

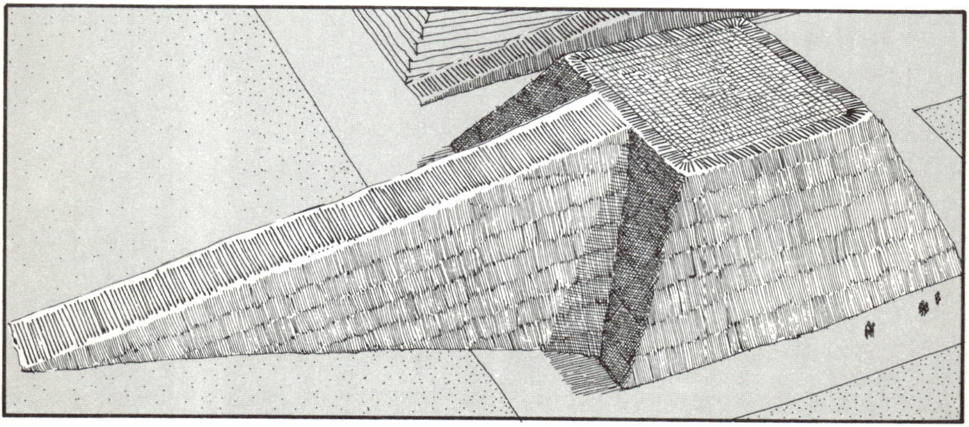

Das Königinnengrab wurde in der gleichen Weise erbaut wie sein großer Nachbar. Da es aber wesentlich kleiner werden sollte, genügte eine einzige breite Rampe, um die Steinblöcke in die Höhe zu schaffen. Diese Rampe wurde in einem rechten Winkel an die Südseite der Pyramide angebaut. Rund um den Bau herum wurden schmale Bankette errichtet, die den Arbeitern das Versetzen der Blöcke der Mantelschicht erleichterten.

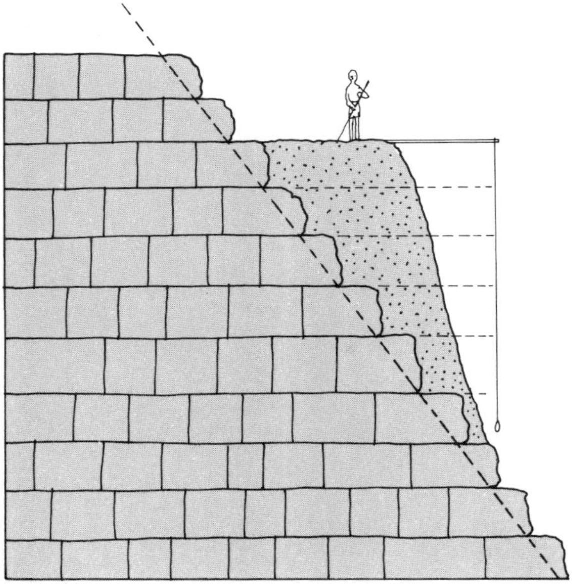

Die Vermessungsarbeiter mußten nicht bloß die Ebenmäßigkeit jeder Steinlage kontrollieren, sondern auch mit Hilfe von Senkloten sehen, daß die Schräge der Pyramidenwände überall gleich blieb. Je weiter der Bau die Jahre hindurch gedieh, desto deutlicher traten die Fähigkeiten Mahnud Hoteps als Organisator und Architekt zum Vorschein. Von Anfang an hatte er die Beschaffung der Steinblöcke so geregelt, daß die Arbeit am Bauplatz nie lahmgelegt werden mußte, weil kein Baumaterial mehr bereitstand.

Im Winter des zehnten Jahres waren die beiden Pyramiden schon so hoch gewachsen, daß man sie von den mehrere Meilen flußabwärts gelegenen Feldern sehen konnte. Abends, wenn die Bauern ihre Häuser vergrößerten oder deren Verputz erneuerten, erzählten sie stolz von den Jahren, die sie im Dienst des Pharao verbracht hatten, und prahlten mit der Anzahl von Steinblöcken, die sie und ihre Mannschaft während der Überschwemmungszeit transportiert hätten. Aber sie und ihre Frauen wußten, daß sie in sieben oder acht Monaten wieder eingezogen werden würden und daß man nie wissen konnte, ob auch alle von der gefährlichen Arbeit wieder zurückkehren würden. Unglücksfälle kamen nicht selten vor, und jedes Jahr hatten die Dörfer einige Tote zu beklagen.

Im Juli des Jahres 2457 wurden viele Transportgruppen direkt nach Tura gesandt, wo die in den vorangegangenen Monaten gebrochenen Steine auf den Transport warteten. Es waren dies die schönen weißen Blöcke für den Verkleidungsmantel der Pyramide. Während der nächsten vierzehn Jahre segelten die Schiffe mit ihren Lasten hin und her. Tausende von Blöcken wurden den Aufweg hinaufgeschleppt, in ihre endgültige Form gebracht und über die Rampen an ihren Bestimmungsort geschleppt.

Als die Pyramide eine Höhe von vierhundert Fuß erreicht hatte, wurde der Platz zu knapp, um die vier Rampen weiterzuführen, worauf dann auch zwei aufgegeben wurden. Während die Blöcke durch einen unablässigen Zug von Arbeitskolonnen die eine Rampe hochgezogen wurden, benutzte man die zweite Rampe, um die leeren Schlitten wieder nach unten zu bringen.
Je höher die Pyramide wuchs, desto schneller ging der Bau voran.

Im Oktober des Jahres 2442, sechsundzwanzig Jahre nachdem Mahnud Hotep seine Pläne dem Pharao vorgelegt hatte, lagen hundertvierundzwanzig Steinlagen übereinander. Die oberste Plattform maß jetzt nur noch zehn Fuß im Quadrat.
Am ersten November wurde die Ankunft des Schlußsteines festlich gefeiert. Dieser gewaltige Block aus Granit, der in der Bosse die Form einer kleinen Pyramide hatte, sollte den Bau krönen. Nachdem man verschiedene Gebete gesprochen und Opfer dargebracht hatte, wurde er vom Transportschiff gehoben und den Aufweg empor zum Fuß einer der beiden Rampen gebracht. Hier wurde wieder gebetet und dann der lange Weg bis zur Spitze der Pyramide angetreten. Den Arbeitern, die den großen Block hinter sich herzogen, folgten andere, die mit Hilfe von Seilen und Hebeln verhindern sollten, daß der Schlitten während einer Pause rückwärts abgleite.

Um den ungeheuer schweren Stein um die vielen Ecken des Rampenweges herumzubewegen, waren die vereinten Kräfte aller Beteiligten nötig.

Als der Schlitten endlich oben angekommen war, wurde der Granitblock auf ein Holzgerüst gehoben. Darauf entfernte man den Schlitten und zog die Balken des Gerüstes unter dem Stein hervor. Man hatte an seiner Unterseite in der Mitte einen hervorspringenden Zapfen stehen gelassen, der in eine Vertiefung in der obersten Steinlage der Pyramide paßte. Dadurch konnte die Spitze genau zentriert und vor dem Verrücken bewahrt werden.

Nachdem man den letzten Balken weggezogen hatte, setzte sich der Schlußstein fest an seine Stelle und schloß dadurch den eigentlichen Bau der Pyramide ab. Aus Dankbarkeit brachten die um die Pyramidenspitze herumstehenden Priester Rauchopfer dar und richteten Gebete an die Götter.

Nach Beendigung der Zeremonien begannen die Arbeiter mit dem Abbruch der Rampen, die für die Erbauung notwendig gewesen waren. Nachdem sie die obersten dreißig Fuß der Pyramide von Schutt und Schlamm befreit hatten, begannen andere um den freigelegten Teil ein Baugerüst zu errichten. Zuoberst schliffen einige mit Steinwerkzeugen und Schmirgelsand den Schlußstein zu einer glatten, glänzenden Spitze. Unter ihnen begann man die Stufen der Mantelschicht abzutragen, um sie für die folgenden Schleifarbeiten vorzubereiten. Kaum hatte man so die obersten dreißig Fuß der Pyramide bearbeitet, wurde das Baugerüst weiter nach unten versetzt. Diese Arbeiten wurden so lange fortgeführt, bis die ganze Pyramide ihre glatte Oberfläche erhalten hatte.

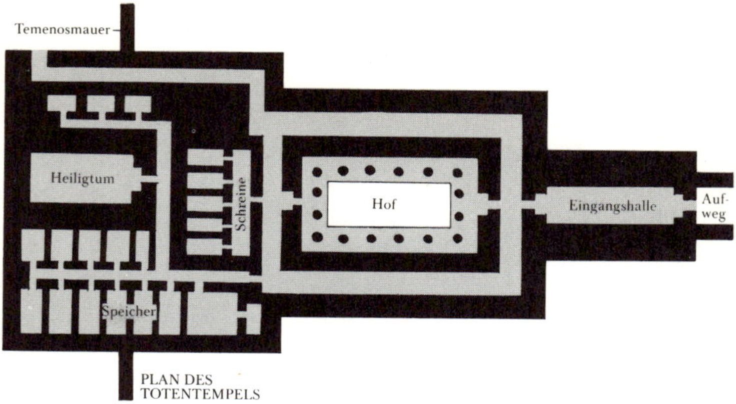

PLAN DES
TOTENTEMPELS

Die Steinblöcke für den Bau des Aufweges und die beiden Tempel standen schon bereit, als man der großen Pyramide ihre Spitze aufsetzte.

Der Totentempel wurde zuerst errichtet. Er bestand aus einer Eingangshalle, einem offenen Hof, fünf Kapellen, dem Heiligtum mit seiner Scheintüre und verschiedenen Speicherkammern. Vom Hof führte ein Korridor zum dreißig Fuß breiten Umgang um die Pyramide, der durch die hohe Temenosmauer umfriedet wurde. Nachdem man die erste Steinlage des Tempels gelegt hatte, wurde der durch sie umschriebene Raum mit Erde aufgefüllt. Die Steine der zweiten Lage wurden über eine Rampe auf das Niveau der ersten Lage hochgeschleppt und konnten dann über die Auffüllung an ihren Platz geschoben werden. Darauf wurde wiederum bis auf die Höhe der neuen Steinlage Erde in den Innenraum geschüttet. Kaum hatte man auf diese Weise die Blöcke bis zur erwünschten Höhe übereinandergeschichtet, entfernte man die Erde, die nun den ganzen Tempel ausfüllte, und begann den ganzen Prozeß wieder von vorne, um die Mauerschale zu errichten.

Nachdem man die Erdauffüllung zum zweiten Male aus dem Gebäude entfernt hatte, errichtete man noch in der Bosse gelassene Granitsäulen, die das Dach tragen sollten. Das Aufrichten der Säulenschäfte wurde so bewältigt, daß oben auf der Mauer stehende Arbeiter mit Seilen das Gewicht emporzogen, während von unten mit Hebeln die Richtung bestimmt wurde. Sobald alle Säulen aufrecht standen, füllte man den Tempel ein letztes Mal mit Erde, um die Dachplatten in ihre Lage schieben zu können.

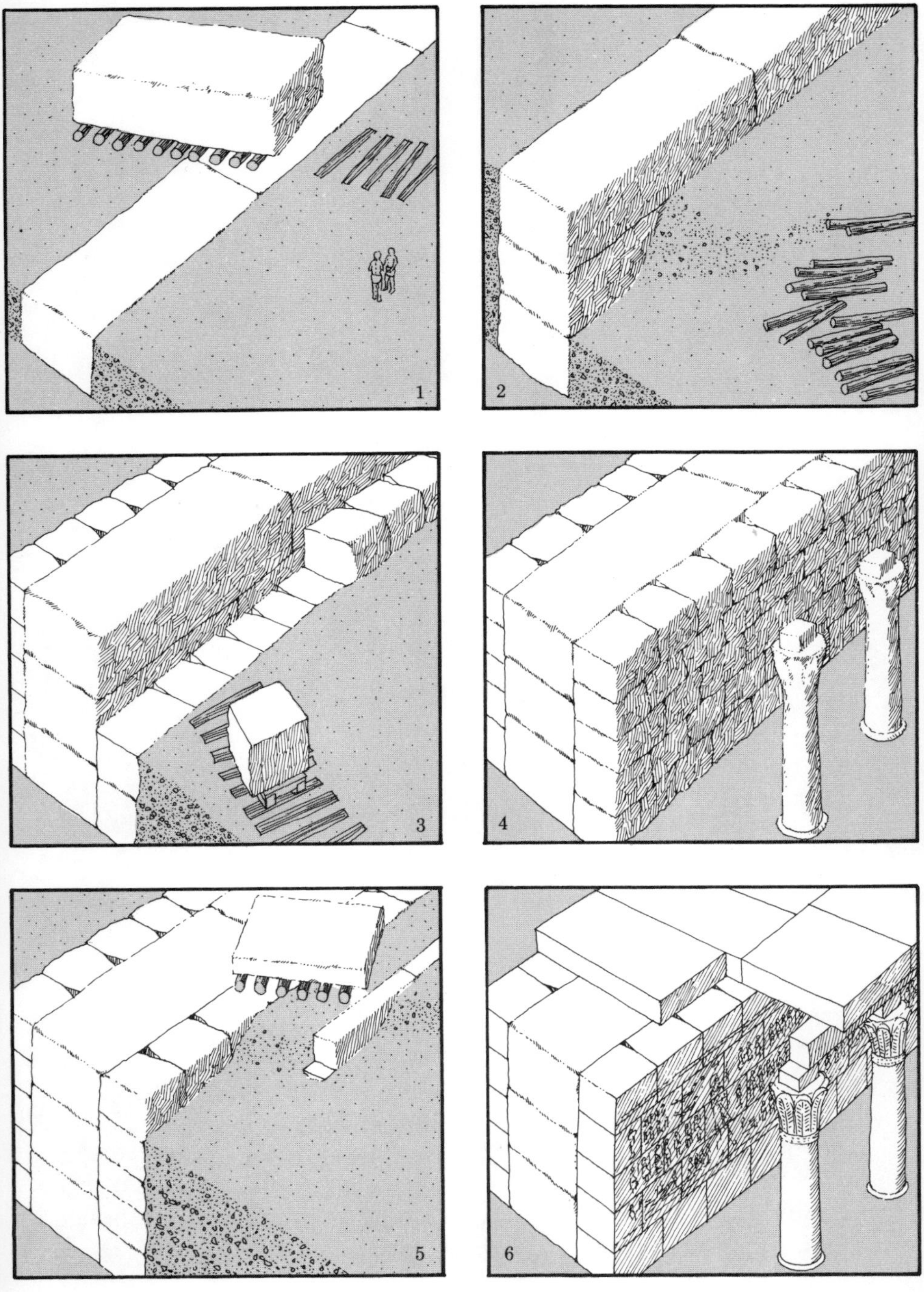
1
2
3
4
5
6

Als auch das Dach vollendet war, entfernte man die Auffüllung Schicht um Schicht. Sie hatte nämlich noch als Plattform für Steinmetzen und Maler zu dienen, die die Maueroberfläche glätten und dann mit Szenen aus der Jenseitsfahrt des Pharao bemalen mußten. Zur selben Zeit wurde auch den Säulenkapitellen ihre endgültige Gestalt verliehen. Als letztes verlegte man den Fußboden aus sorgsam geschnittenen Alabasterplatten.

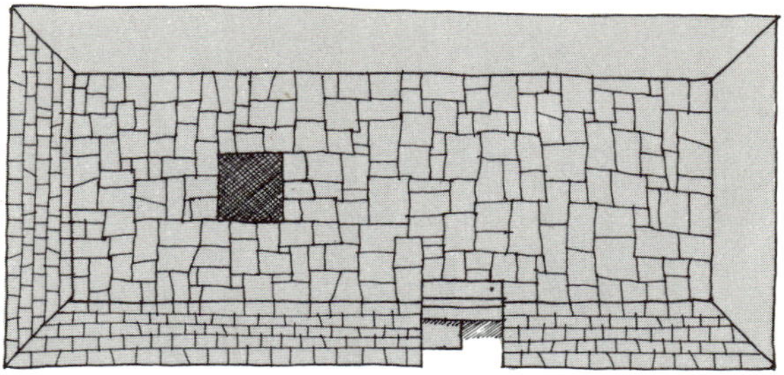

AUFSICHT — Eingang zur Kapelle

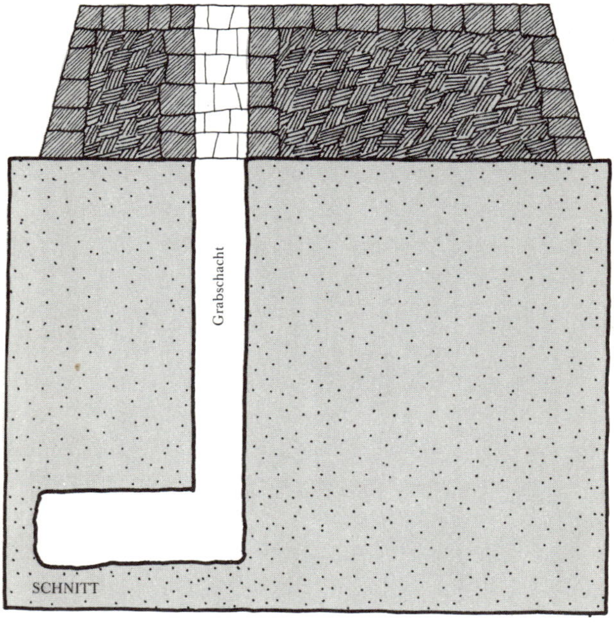

Während an den Tempeln gearbeitet wurde, baute man verschiedene Mastabas den schmalen Straßen entlang, die im Gebiet um die königlichen Bauten verliefen. Diese Mastabas gehörten den wichtigsten Mitgliedern des Hofstaates, und die größte unter ihnen war für Mahnud Hotep bestimmt. Es waren rechteckige Bauten mit schräg

abfallenden Seiten und einem flachen Dach. Der Leichnam wurde in einer Kammer am Ende eines tiefen Schachtes unter der Mastaba beigesetzt. Jedes Grab enthielt eine Statue des Verstorbenen, zu der dessen Ka gelegentlich zurückkehren konnte, und eine Kapelle, in welcher sich in der Westwand eine Scheintüre befand.

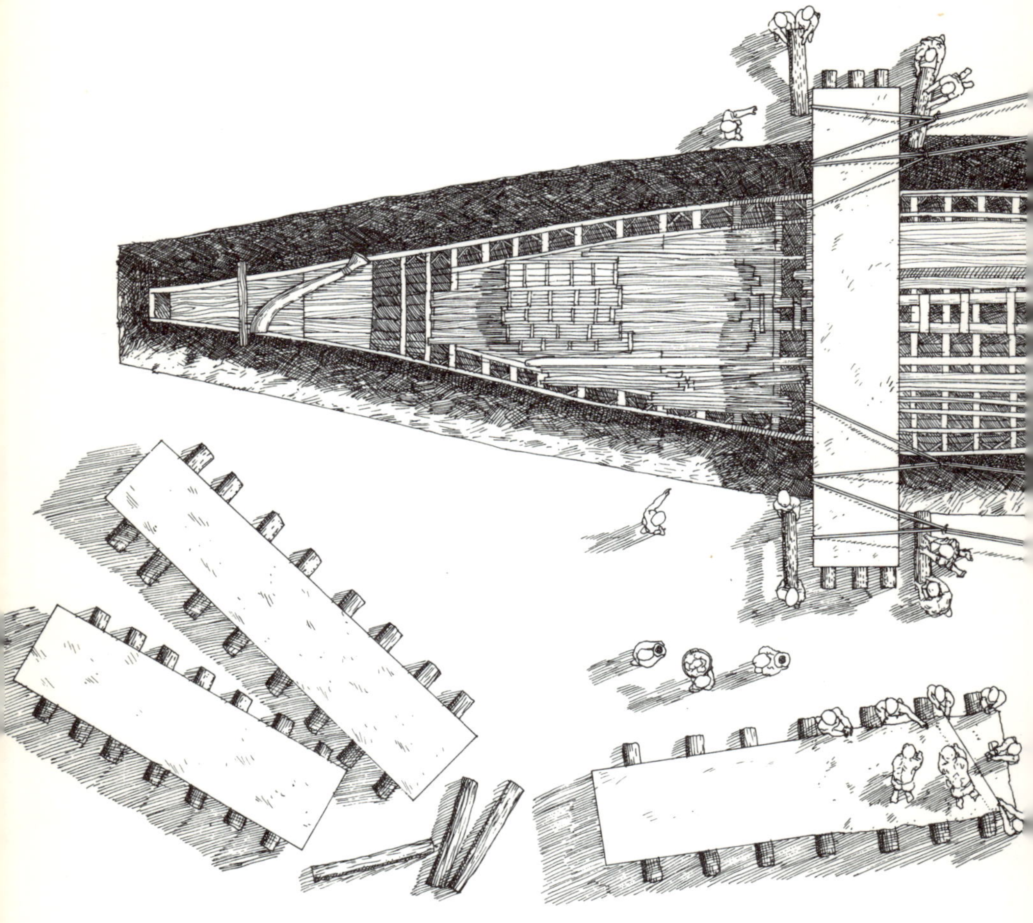

Sobald der Totentempel vollendet war, wurden zu beiden Seiten des Gebäudes längliche Gruben in den Fels gehauen. In fünf dieser sechs Gruben senkte man Schiffe hinab, die eigens für den Gebrauch des Pharao in der Unterwelt konstruiert worden waren. Darauf deckte man die Gruben mit breiten Steinplatten wieder zu und verstrich die Fugen mit Mörtel.

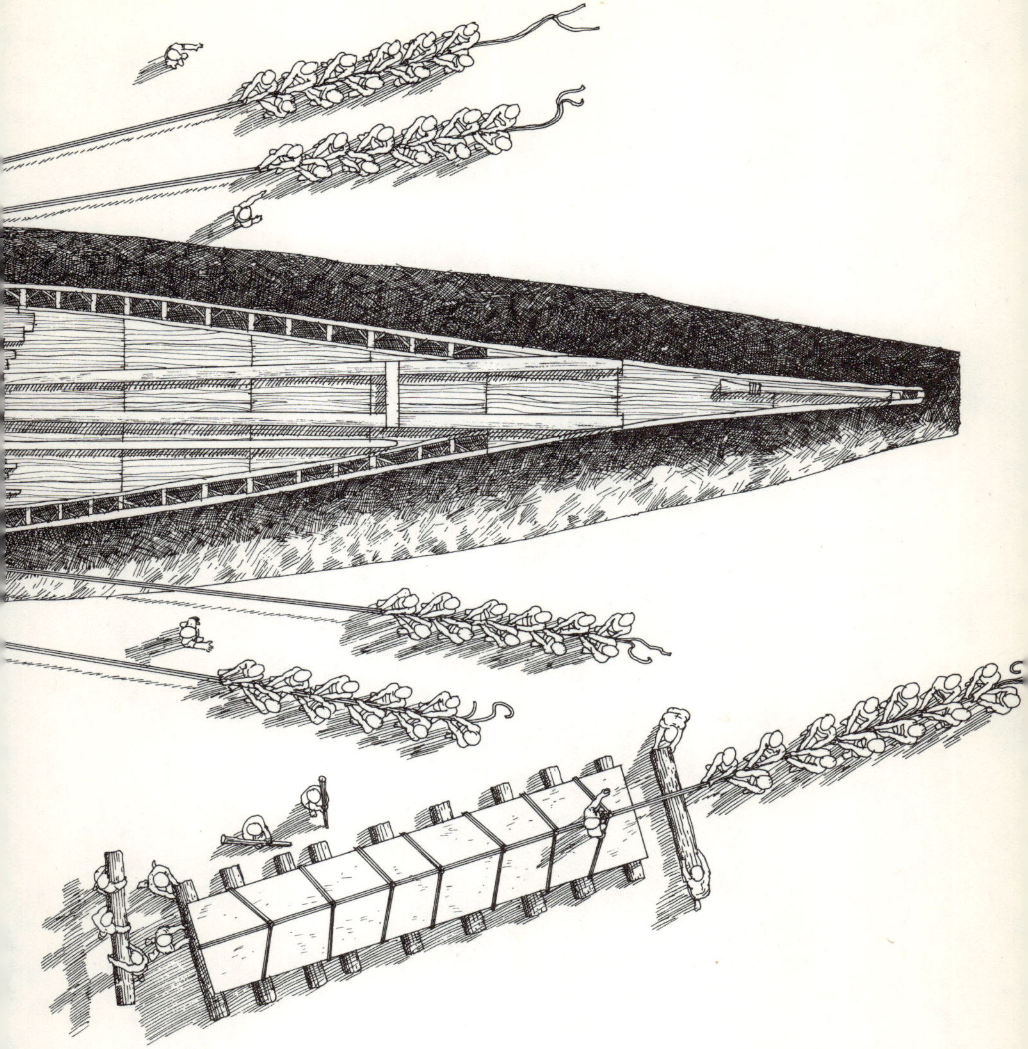

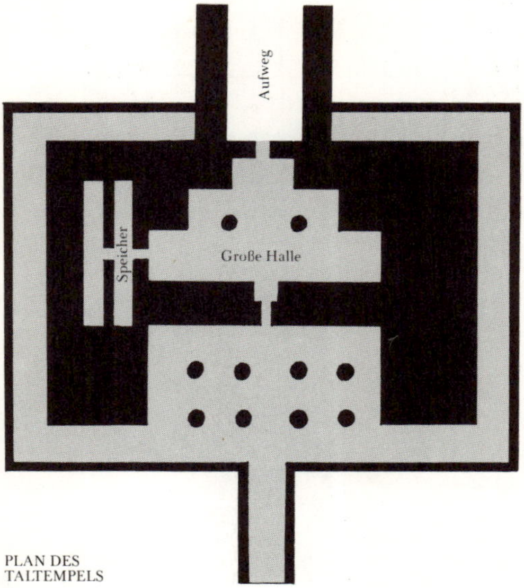

PLAN DES
TALTEMPELS

Als nächstes wurde der Aufweg in Angriff genommen. Wie schon beim Totentempel errichtete man zuerst die Mauern und schleppte dann die Abdeckplatten über die Auffüllung an ihren Platz. Der überdeckte Gang war acht Fuß breit und zehn Fuß hoch und wurde durch eine Reihe von schlitzartigen Öffnungen in der Decke beleuchtet. Die Wände waren mit bemalten Reliefs ausgeschmückt, die historische und mythische Taten des Königs erzählten.
Der Taltempel wurde in genau derselben Weise erbaut wie schon der Totentempel und wurde als letzter vollendet. Er bestand aus einem großen, repräsentativen Saal und verschiedenen kleineren Speicherkammern. Im großen Saal wurden verschiedene Königsstatuen aufgestellt, die in der königlichen Bildhauerwerkstatt in der Nähe der Pyramide entstanden waren. Als der Pharao im Jahre 2439 starb, waren Arbeiter immer noch damit beschäftigt, die Alabasterplatten des Fußbodens zu verlegen.

Der Leichnam des Pharao wurde auf die königliche Bestattungsbarke gelegt, in Vorbereitung auf seine letzte Reise auf Erden. Tausende von Menschen säumten die Ufer des Nils, als die Prozession vorbeisegelte. Ein zweites Boot trug die Verwandten, unter ihnen die Königin und der Sohn und Nachfolger des Königs. Auf wieder anderen Booten begleiteten nahe Freunde und Klageleute den Verstorbenen. Indessen erwarteten die Hohepriester die Ankunft der Schiffe am Totentempel. Dort angekommen, wurde der Tote an Land gebracht, das Boot sorgfältig auseinandergenommen und in die letzte der sechs Gruben hinunter gesenkt.

Die Vorbereitung des Leichnams des Pharao für die Bestattung war eine komplizierte Angelegenheit, die mehr als zwei Monate dauerte. Am wichtigsten war, den Körper des Verstorbenen vor dem Zerfall zu bewahren. Dazu wurde die Leiche mumifiziert. Jeder Schritt der Prozedur wurde durch entsprechende Zeremonien begleitet. Zuerst wurde der Tote zur Einbalsamierung in eine am Fluß in der Nähe des Taltempels gelegene Werkstatt gebracht.

Der Leichnam wurde auf einen großen Tisch gelegt, an dem die Priester ihre Arbeit verrichten konnten. Als erstes wurde das Gehirn, das man mit einer speziellen Flüssigkeit aufgelöst hatte, mit Hilfe von Häkchen durch die Nase entfernt. Dann wurden die Leber, die Lunge, der Magen und die Eingeweide durch einen Schlitz auf der linken Seite des Körpers herausgenommen. Jedes Organ wurde einzeln einbalsamiert und in einen Kanope genannten Behälter getan. Einzig das Herz ließ man im Leichnam. Nachdem man den Toten in Salz getrocknet und gewaschen hatte, wurde er mit verschiedenen Ölen eingerieben und mit Baumharz überstrichen. Der so gereinigte Körper wurde dann mit Leintüchern und Stoffbandagen umwickelt. Zwischen jede Umwicklung legte man heilige Amulette aus Gold und Edelstein und versiegelte die Mumie von neuem mit Harz.

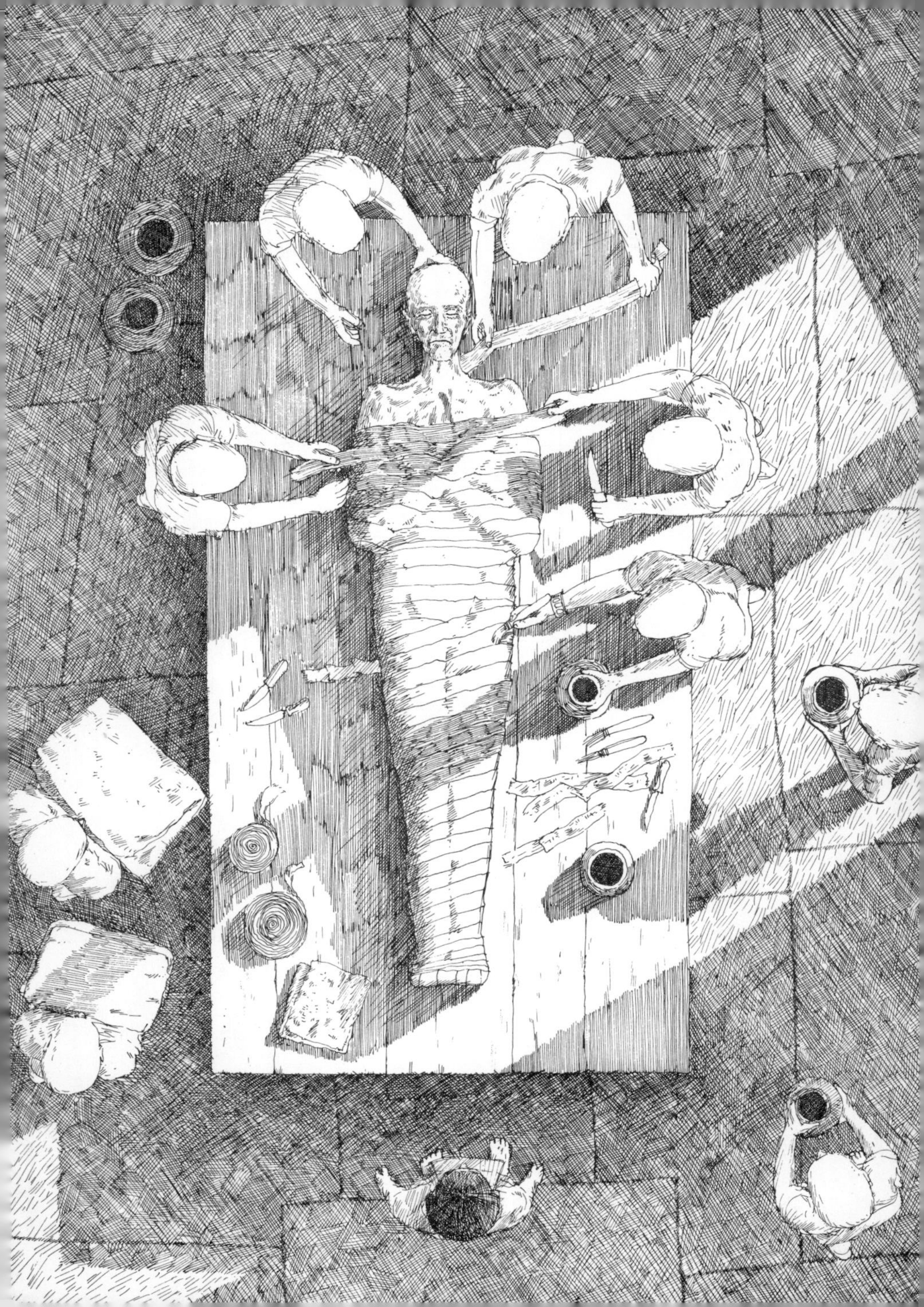

Als die Mumifizierung endlich beendet war, wurde die Mumie in eine große Halle gebracht, wo man an ihr eine Zeremonie vollzog, die man die Mundöffnung nannte. Obwohl dabei der Mund nicht eigentlich geöffnet wurde, sollte die Zeremonie symbolisch dem Pharao die Fähigkeit zu essen, zu sprechen und sich zu bewegen zurückgeben. Alle diese Tätigkeiten mußte er nämlich beherrschen, um im Jenseits weiterleben zu können.

Einige Tage später wurde die Mumie in einen hölzernen Sarg gelegt, in dem sie den Aufweg hinauf und in den Hof des Totentempels gebracht wurde. Hier wurde wiederum gebetet und geopfert, worauf der Sarg auf einen prachtvollen Schlitten gelegt und auf diesem über eine provisorische Rampe über die Temenosmauer zum Eingang des Grabschachtes auf der Nordseite der Pyramide gebracht wurde.

Von dort aus wurde der Sarg von Priestern in die Grabkammer getragen. Sie legten ihn in den Sarkophag nieder und schlossen diesen mit einer schweren Granitplatte. Die vier Kanopen stellten sie in eine Holztruhe am Fuße des Sarkophages. In den beiden Kammern wurden viele Gegenstände niedergelegt, die der König früher gebraucht hatte und von denen man glaubte, daß er sie im Jenseits nötig haben werde. Beigelegt wurden auch Speisen, Kleider, Möbel, Schmuck, Waffen und sogar Spiele, um die lange Dauer des ewigen Lebens auszufüllen.

Unter Segenssprüchen für den Toten und sein Grabmal verließen die Priester die Pyramide, nachdem sie die Fallsteintüren hinter sich verschlossen hatten. Mehrere Granitblöcke wurden einer nach dem anderen in den Eingang des Grabschachtes geschoben. Mahnud Hotep überwachte die letzte Zeremonie persönlich, bei der der letzte Block des Pyramidenmantels versetzt wurde, um die Öffnung des Grabschachtes für immer zu verbergen.

Mit dem Abbruch der provisorischen Rampe war die Stätte des ewigen Lebens für den Pharao vollendet. Sein heiliger Leichnam ruhte nun beschützt unter einem vollkommenen, von Menschenhand erbauten Berg von über zwei Millionen Steinblöcken.

Glossar

ALABASTER
Ein sehr feiner, lichtdurchlässiger Stein.

AUFWEG
Der den Totentempel mit dem Taltempel verbindende gedeckte Korridor.

AUSGLEICHSSCHICHT
Die auf den Stufen des Kernbaus und unter der Mantelschicht liegenden Steinblöcke der Pyramide.

BA
Die menschliche Seele, von der man glaubte, daß sie nach dem Tode einer Person ein Leben auf Erden weiterführe, wobei sie die Nächte im Leichnam des Verstorbenen zubringe.

DOLERIT
Ein sehr harter Stein, den man brauchte, um Granit und Kalkstein zu brechen.

EINBALSAMIERUNG
Die Behandlung des Leichnams mit Konservierungsmitteln, um dessen Zerfall zu verhindern oder wenigstens zu verlangsamen.

FALLSTEINTÜREN
Granitplatten, welche man in die seitlichen Vertiefungen im Grabschacht einließ, um die Grabkammern nach der Beisetzung zu versiegeln.

GRABKOMPLEX
Eine Gruppe zusammengehöriger Gräber und Tempel, die man auf dem Westufer des Nils errichtete, um die Toten begraben und verehren zu können.

HARZ
Eine pflanzliche Substanz, die dazu benötigt wurde, die Mumie luftdicht zu versiegeln.

KA
Das geistige Ebenbild einer Person, das nach deren Tod sich frei zwischen Diesseits und Jenseits hin und her bewegen konnte.

KANOPEN
Behälter, in denen die einbalsamierten, aus dem Körper des Verstorbenen entfernten Organe aufbewahrt wurden.

KAPITELL
Der meist verzierte oberste Teil einer Säule, auf dem das Dach aufliegt.

KERNBAU
Der stufenartig konstruierte innerste Teil der Pyramide.

MANTELSCHICHT
Die sorgfältig polierten Steinquader, die die glatte Oberfläche der Pyramide bilden.

MASTABA
Ein rechteckiger Grabbau mit schräg abfallenden Seitenwänden. Er enthält eine Kultkapelle und eine kleine Kammer für die Statue des Verstorbenen, der am Ende eines senkrechten Schachtes unter der Mastaba begraben wurde.

MÖRTEL
Eine Mischung aus Sand, Kalk und Wasser, die man oft auch als Gleitsubstanz für die schweren Steinblöcke verwendete.

MUMIFIZIERUNG
Das Verfahren, durch welches der Körper und die wichtigsten Organe eines Toten vor dem Zerfall bewahrt werden konnten.

PHARAO
Der ägyptische König.

SARKOPHAG
Der große Steinsarg, in welchen man den Holzsarg mit der Mumie des Pharao legte.

SCHLUSSTEIN
Der die Spitze der Pyramide bildende Granitblock.

SENKLOT
Ein an einer Schnur befestigtes Gewicht, das infolge der Erdanziehung immer senkrecht nach unten hängt.

TALTEMPEL
Der am Nilufer gelegene Tempel, zu dem der tote König zuerst gebracht wurde.

TEMENOSMAUER
Die dreißig Fuß hohe, um die Basis der Pyramide herumführende Mauer. Ursprünglich wurden die Temenosmauern um ganze Grabkomplexe herumgebaut.

TOTENTEMPEL
Der Tempel am Fuße der Pyramide, in welchem verschiedene Zeremonien stattfanden, bevor die Mumie des Pharao in der Pyramide niedergelegt wurde. Im Totentempel fand auch der Ka des Königs eine Wohnstätte.

ÜBERSCHWEMMUNGSZEIT
Die Periode zwischen Juli und November, während der der Nil jedes Jahr das Fruchtland überschwemmte.

David Macaulay wurde 1946 in England geboren. Seit seinem elften Lebensjahr lebt er in den USA. Er studierte Architektur, arbeitete als Kunstgeschichts- und Zeichenlehrer, Dozent für Innenarchitektur, Designer und ist freier Werbegrafiker sowie Autor und Illustrator. Auf ausgedehnten Reisen befaßte sich Macaulay mit Kultur- und Architekturgeschichte.
Er schrieb und zeichnete auch das 1975 mit dem Deutschen Jugendbuchpreis ausgezeichnete Buch ›Sie bauten eine Kathedrale‹, dtv junior 7900 sowie die Bände ›Eine Stadt wie Rom‹, dtv junior 7902, ›Unter einer Stadt‹, dtv junior 7903 und ›Es stand einst eine Burg‹.

Titel der amerikanischen Originalausgabe: Pyramid
Aus dem Englischen übersetzt von Peter Suter

Von David Macaulay sind außerdem bei dtv junior erschienen:
Sie bauten eine Kathedrale, Band 7900
Eine Stadt wie Rom, Band 7902
Unter einer Stadt, Band 7903
Es stand einst eine Burg, Band 7915

Ungekürzte Ausgabe
1. Auflage September 1978
4. Auflage November 1981: 41. bis 50. Tausend
Deutscher Taschenbuch Verlag GmbH & Co. KG, München

ISBN 3-7608-0417-9
Umschlaggestaltung: Celestino Piatti
unter Verwendung einer Zeichnung von David Macaulay
Schrift: Times 11/12
Gesamtherstellung: Kösel, Kempten
Printed in Germany · ISBN 3-423-07901-0